THÈSE

DE

LICENCE.

FACULTÉ DE DROIT DE TOULOUSE.

ACTE PUBLIC

POUR

LA LICENCE

En exécution de l'Article 4, Titre 2, de la Loi du 22 Ventôse an XII

SOUTENU

Par M. DELORD (Henri),

Né à Castelnaudary (Aude).

TOULOUSE,
Typographie Troyes OUVRIERS RÉUNIS,
Rue Saint-Pantaléon, 3.

1859.

Jus Romanum.

De condictione indebiti.

DIG. LIB. XII, TIT. VI. — INST. JUST. LIB. III, TIT. XXVII, § 6.

PROOEMIUM.

Actiones in personam, conditionis nomine appellantur, condicere est denuntiare priscâ linguâ : nàm actor adversario denuntiabat ut ad judicem capiendum die trigesimâ adesset. (Gaïus 4, 18).

Sed postea evenit ut condictio sensu generaliore sumeretur, condictio certi, si res certa, incerti, si res incerta petebatur. Hæc duo genera conditionum, inventione formulæ, varia sunt Prima sic constituta : « Si paret Numerum Negidium Aulo Agerio decem » millia dare oportere; secunda, quidquid paret Numerium Negi- » dium Aulo Agerio dare opportere. » De conditione indebiti verò nùnc videamus.

I. — *Quandò condictio indebiti competat.*

Hæc condictio, quà, quod solutum est indebitum, repeti potest, ex bono et æquo introducta fuit, aut aït Papinianus. Tria attamen, ut ea competat, lege requiruntur : 1o ut indebitum fuerit, quod solutum est ; 2o ut nulla causa exstiterit propter quam solveretur indebitum ; 3o ut per errorem etiam solveretur.

1o Quodcumque solvitur, ex omnibus causis quæ jure prorsùs non valuerunt, vel sine causâ legitimâ indebitum esse videtur. Item si quis per errorem solvit debitum, sub conditione pendente, ex lege solutum repeti poterit; contrà verò, conditione existente. Reipsà quod in diem certum debetur, si àntè diem solutum sit, adeò debetur, ut nullo modo repetitioni sit locus (ff. 16 et 10 de Cond. ind.): et etiàm quod naturaliter solutum fuerit, non repeti poterit. Sic mulier, non ex jure civili obligata, pro omnibus sub dotis nomine constitutis atque solutis, nullam repetitionem habet. Sublatà enim falsâ opinione, relinquitur pietatis causa, ex quâ solutum repeti non potest (ff. 32, § 2, tit. 4). Si quis etiàm solvat, quod per aliquam exceptionem perpetuam negare potuerit, indebiti soluti repetitionem habet. Itaquè si pactus fuerit patronus cùm liberto, ne opere ab eo petantur, quidquid posteà solutum fuerit à liberto repeti potest (ff. 40, § 2, de Cond. ind.) Propterea Julianus scripsit : Si emptor damnaverit hæredem suum, ut venditorem nexu venditi liberaret, mox venditor ignorans, rem tradiderit, posse eum fundum condicere. Quùm plus est in solutione quàm in debito, facilè repetitio videtur.

2o Jàm nobis apparet quid sit indebitum, sed nunc requirendum est imprimis quæ soluta fuerunt sine causâ. Primùm suprà diximus mulierem naturaliter obligatam, pro dote promissâ, nullam repetitionem habere, si solvit : Alii tamen sunt casus in quibus quod indebiti solutum est non repetitur. Duplex enim potissimum causa est, propter quam, indebiti datum non repetitur, scilicet judicati et transactionis. Judicati, veluti si quis per sordes judicis, condemnatur solverit ; transactionis verò, si quis post judicium transegerit et pecuniam dederit : sic lex voluit, propter auctoritatem rei judicatæ. Si lis ergò surgit pro legatis, inter hæredem et ecclesias, seu venerabiles locos (quæ religionis vel pietatis intuitu honorificantur, ut aït Justinianus), etiam si hæres indebitè solveret, nullam repetitionem haberet, quia in duplum condemnari potuerit. Undè apparet, quidquid solutum fuit propter aliquam causam, repeti non posse.

3o Nunc verò admonendi sumus, non competere actionem indebiti, nisi per errorem indebitum solutum sit. Et primùm quis sciens se non debere, solvit, potiùs donare, quàm solvere habetur. Quùm tamen dubium est, an is qui solvit, indebitum sciverit an ignoraverit, quod solutum fuerit in hoc casu repeti posse credimus. Nàm, ut aït Ulpianus, in re obscurâ, meliùs est favere repetitioni, quàm adventitio lucro. (ff. 4. de reg. jur.). Sed valdè disputandum est, an ejus quod errore juris solutum est, aliquandô repetitio fiat. In Cod. Civ. 10, de facti juris, et facti ignorantiâ, repetitio cessat, in libris Digestorum contrà, atque apud Justinianum non cessat. Evenire etiàm potest, ut persona locum repetitioni faciat. Si pupillus, aït Ulpianus, sine auctoritate tutoris, vel is cui bonis interdictum est solverit, repetitionem habeant : nàm in his personis generaliter repetitioni locum esse non ambigitur; et si quidem exstant nummi vindicabuntur, consumptis verò; condictio locum habebit. (ff. 26. hoc. tit.).

II. *Cui et adversus quem, condictio indebiti competat.*

Quum quis alieno nomine solvit non ipsi, sed ei cujus nomine solvit, hæc actio accommodatur. Undè dicendum est. Quùm indebitum impuberis nomine tutor numeravit, impuberis, non tutoris, condictionem esse. (ff. 57, eod. tit.). Quod de tutore diximus, etiam de procuratore credimus. Aliquando etiam utilis actio accommodatur, cui solvit, ex bono et æquo, hoc probat Scævola, his verbis : Tutor creditori pupilli sui plus quàm debebatur exsolvit, et tutelæ judicio, pupillo non imputavit. Quæro an repetitionem adversus creditorem haberet ? Respondit habere. (ff. 67, § 1, eod. tit.). Sed quid eveniat, si indebitam pecuniam promisisti per errorem, et fidejussor solverit. Sic Celsus (47, lib. 6, Dig.). Ego existimo, si nomine tuo solverit fidejussor, te fidejussori, stipulatorem tibi obligatum fore, nec expectandum est, ut ratum habeas, quoniam potes videri, id ipsum mandasse ut tuo nomine solveretur. Sin autem fidejussor suo nomine solverit quod non debebat, ipsum à stipulatore repetere posse. Nec ambiguum etiam, alius aliquando repetere quod alius solverit, rescriptum est enim in Arrio Titiano: Cùm minor viginti quinque annis, inconsultè adita hæreditate, solutis legatis, in integrum restituitur, non ipsi repetitionem competere, sed ei ad quem bona pertinent (ff. 5, eod. tit.).

Nunc videamus adversus quem condictio indebiti competat, et primùm, his solis pecunia condicitur quibus quoque modo soluta est, non quibus proficit (ff. 49, God. tit.).

Quùm verò Titio solvo, vel expromitto, Seii jussu, ipso *Seio* solvisse, aut expromisisse intelligor; itaquè si citrâ ullam transactionem pecuniam indebitam alieno creditori promittere delegatus sum, adversus eum qui me delegavit, condictionem habere possum (1, 2, Cod de cond. ind.). Si tamen procuràtori indebitum, solutum sit, non dubium; quin contrà dominum mandantem condictio danda sit. Item si procuratori falso indebitum solutum sit, ità demum a procuratore repeti non potest, si dominus ratum habuerit; sed dominus ipse tenetur (ff. 14, de cond. caus. dat.). Quod si dominus ratum non habuisset, etiam si debita pecunia soluta fuisset, ab ipso procuratore repetetur, non enim quasi indebitum datum repetitur, sed quasi ob rem datum nec res secuta sit, ratihabitione non intercedente.

III. Quid in condictione indebiti veniat. Quod indebitum per errorem solutum est, aït Pomponius, aut ipsum, aut tantumdem repetitur. (ff. 7. eod. tit.). Nunc antedicamus solutionem indebiti a mutuo differre, in eo, quod non solùm res fungibiles, sed et alias mobiles, atquæ immobiles amplectatur. Nunc de Pomponii verbis suprà dictis, hæc oriuntur. Si usufructus in re solutâ alienus sit, deducto usufructu a te condicam. (ff. 15. § 2). Si nummi alieni dati sunt, possessio competet ut possessio eorum reddatur. Quemadmodum si falso existimans possessionem me tibi debere alicujus rei, tradidissem, condicerem. Sic aït Paulus (ff. 15. § 1). Quod si plus solverim quàm quod debes, indebitum condicere possum. Hinc Ulpianus : si centum debens quasi ducenta deberem, fundum ducentorum solvi, competere repetitionem, Marcellus libro 20 Digestorum scribit, et centum manere in stipulationem. Licet enim placuit, rem pro pecuniâ solutam parere liberationem ; tamen si ex falsâ debiti quantitate majoris pretii rei soluta est, non fit confusio partis rei cum pecuniâ. Nemo enim invitùs compellitur ad communionem : sed et condictio integræ rei manet, et obligatio incorrupta, ager autem retinebitur, donec debita pecunia solvatur. (ff. 26, § 4. eod tit.)

Sed quod rei solutæ accessit, condictione indebiti restituitur ; ut putà, partus qui ex ancillâ natus est, vel quod alluvione accessit. Si etiam servum indebitum tibi dedi, eumque manumisisti si sciens hoc fecisti, teneberis ad pretium ejus ; si nesciens, non teneberis ; sed propter operas ejus liberti, et ut hæreditatem ejus restituas. (L. 65, § 8, h. t.) Quod autem diximus de fructibus, seu accessionibus, rei solutæ, ad usuras non pertinet.

QUÆSTIUNCULÆ.

Quandò quis sciens indebitum recepit, furti obstringatur ?

An ejus quod quis indebitum accepit, is, dominus ex jure Quiritium fiat ?

Cui incumbit onus probandi indebitum debitumve esse quod solutum est ?

Code Napoléon.

De l'usufruit.

Tit. III, Liv. II.

Art. 578 — 624.

Le droit le plus étendu que l'homme puisse avoir sur une chose, c'est celui de propriétaire. Mais, par cela même qu'il est maître absolu de sa propriété, et que cette propriété est susceptible de démembrements, on comprend dès lors qu'il pourra aliéner en faveur d'un tiers une partie de ses droits. Or, la propriété a été définie par les Romains *jus utendi, fruendi et abutendi, quatenùs juris ratio patitur*. Il est donc facile de remarquer par cette définition, que toute aliénation, soit de l'*utendi*, soit du *fruendi* de la part du propriétaire, rendra sa propriété imparfaite, puisqu'elle transportera sur la tête d'un autre un des droits attachés à la propriété, et dont la réunion peut seule constituer la qualité de propriétaire dans le sens le plus large et le plus étendu de ce mot. Ces démembrements de la propriété se nomment servitudes ; mais notre Code n'a pas admis expressément la division adoptée par le Droit Romain pour les servitudes personnelles. Il a craint en effet de faire revivre certains principes féodaux qui ont disparu de nos mœurs. Toutefois son silence n'a pu changer la nature des choses, et l'usufruit, l'usage, l'habitation n'en restent pas moins des servitudes personnelles. Il faut conclure de là nécessairement que les principes qui régissent les servitudes, sont également applicables à la matière qui nous occupe, c'est-à-dire à l'usufruit, et autres droits qui présentent avec l'usufruit des ressemblances légales.

CHAPITRE Ier

De l'Usufruit.

L'art. 578 a défini l'usufruit, le droit de jouir des choses dont un autre a la propriété comme le propriétaire lui-même, à la charge d'en conserver la substance. Mais cette définition nous semble manquer en quelque chose, en ce sens qu'elle tend à confondre l'usufruit et le bail à ferme. Il y a sans doute entre les obligations de l'usufruitier et du fermier de grandes analogies, mais cependant leurs droits s'offrent à nous sous une physionomie bien différente. Ainsi l'usufruit constitue un droit réel, tandis que le bail ne constitue qu'un droit personnel ; l'usufruitier n'est tenu que des réparations d'entretien, le fermier au contraire n'est obligé qu'aux menues réparations. Aussi, pour mieux distinguer ces deux droits, nous dirons que l'usufruit est le droit de jouir, à titre de servitude personnelle, des choses dont un autre a la propriété, comme le propriétaire lui-même, à la charge d'en conserver la substance. On doit entendre ici par le mot substance l'ensemble des qualités qui constituent l'utilité d'une chose. Or, comme la forme est la qualité utile par excellence d'une chose, nous pensons que toute altération dans la forme violerait le principe de l'art. 578, qui permet à l'usufruitier de jouir, mais lui interdit d'altérer la substance.

§ 1er. — *De la nature de l'Usufruit, et de ses diverses espèces.*

L'usufruit constitue un droit mobilier ou immobilier, suivant la nature de l'objet auquel il s'applique. (526.) Il peut être hypothéqué, et donne par conséquent un droit de suite sur l'immeuble grevé de cet usufruit. Il ne peut être considéré que comme un droit réel essentiellement temporaire, puisqu'il prend fin par la mort de l'usufruitier. Puisque l'usufruit constitue un droit dont l'étendue est subordonnée à la vie de la personne qui l'exerce, il est intransmissible. Il offre quelque ressemblance avec le droit de grevé de substitution. L'usufruitier et le grevé jouissent en effet tous les deux, à charge de conserver et de rendre ; seulement, le grevé a de plus que l'usufruitier, la pleine propriété sous condition résolutoire, et cette pleine propriété lui est irrévocablement acquise, si l'appelé meurt avant lui.

Les diverses espèces d'usufruit sont : 1° l'usufruit légal des père et mère sur les biens de leurs enfants, jusqu'à l'âge de 18 ans ou leur émancipation. (Art. 384) ; 2° l'usufruit conventionnel ; 3° l'usufruit proprement dit ; 4° le quasi-usufruit, ainsi nommé par la raison qu'il s'applique à des objets qui se consomment par l'usage.

§ 2. — *De la constitution d'usufruit.*

On peut constituer un usufruit sur toute espèce de biens meubles ou immeubles, fongibles ou non fongibles, corporels ou incorporels, et en général sur tous les objets aliénables ; mais puisque nous avons déjà vu que l'usufruit était un démembrement de la propriété, il suit de là, qu'il ne pourra être constitué que par le propriétaire, sauf le droit des créanciers dans le cas où il aurait été établi en fraude de leurs créances.

§ 3. — *Des modalités dont l'usufruit est susceptible.*

1° L'usufruit peut être constitué purement et simplement, et dans ce cas il prend naissance du jour de la convention qui l'a constitué, ou dès la mort du testateur, s'il est établi pas testament.

2° Un terme peut encore être stipulé, et alors le droit de l'usufruitier ne s'ouvrira qu'à partir de tel jour *ex die*, pour finir à une époque déterminée *ad diem;* mais il faut bien remarquer, que si l'usufruiter venait à décéder avant le jour fixé pour l'expiration de son droit, sa mort entrainerait l'extinction de l'usufruit; ceci résulte évidemment de l'art. 617 C. N.

3° Si une condition est apposée à la constitution de l'usufruit, le droit de l'ususufruitier ne s'ouvrira qu'au moment où la condition se réalisera, la condition est alors dite suspensive : elle pourra être encore extinctive, et alors le droit est parfaitement et immédiatement acqnis; mais il prendra fin si la condition se réalise.

CHAPITRE II.

Des droits de l'usufruitier.

L'art. 582 C. N. porte : l'usufruitier a le droit de jouir de toute espèce de fruits, soit naturels, soit industriels, soit civils que peut produire l'objet dont il a l'usufruit. Il nous paraît cependant que cette définition est tout au moins incomplète, si elle n'est pas inexacte. En effet cette expression *jouir* relatée dans l'art. 582, peut faire accroire que l'usufruitier n'a qu'un simple droit de jouissance sur la chose qu'il détient. Si nous nous plaçons à ce point de vue, il faut tirer cette conséquence raisonnable, mais fausse en regard des principes : « L'usufruitier devra capitaliser les fruits produits par la chose, et non les faire tourner à son usage personnel. » Nous avons dit encore que la définition donnée par le Code nous semblait incomplète, et en effet le législateur, en parlant des droits de l'usufruitier sur les fruits de la chose, a passé sous silence ceux que l'on pouvait acquérir par les services ou l'usage auxquels cette chose était propre. Aussi pensons-nous que la définition suivante exprime mieux les droits de l'usufruitier. « L'usufruitier a le droit de jouir de la chose, d'en retirer tous les services et d'en percevoir tous les fruits. » Maintenant que nous venons d'établir la nature des droits de l'usufruitier, il importe de bien caractériser ce qu'on doit entendre par fruits.

§ 1. — *Que doit-on entendre par fruits ?*

Il faut entendre par fruits, tout ce qui naît et renaît périodiquement d'une chose ; *fructus est, quidquid ex re nasci et renasci solet :* cependant le propriétaire a pu changer et modifier la destination de sa chose, et par un acte de sa volonté, augmenter ou restreindre les droits de l'usufruitier :

1º Ainsi par exemple, le propriétaire ne donne sa chose en usufruit, qu'après l'extraction des mines et carrières ; les produits de ces mines et carrières appartiendront à l'usufruiter ; dans le cas contraire, les produits resteront au propriétaire (art. 598 C. N.)

2º Les arbres sont évidemment des produits du sol, et puisque nous avons déjà vu qu'on devait considérer comme fruits tout ce qui naît et renaît périodiquement d'une chose, nous serions amenés à décider, que l'usufruitier a des droits sur la coupe de ces arbres.

Néanmoins nous devons faire ici la même distinction que celle établie déjà pour les mines et carrières ; et dire que la volonté du propriétaire augmentera ou restreindra la jouissance de l'usufruitier, suivant que ces bois auront été mis en coupes réglées avant la constitution d'usufruit, ou bien encore, suivant que le propriétaire leur aura donné une destination différente, en les laissant grandir, et en les mettant en réserve, sous la dénomination de haute futaie.

3º Le trésor ne saurait être aussi considéré comme fruit, car la destination de la terre n'est pas de produire des trésors. Seulement, en vertu de l'article 706 C. N., l'usufruitier deviendra propriétaire de la moitié s'il est reconnu inventeur.

§ 2. — *Division des fruits.*

L'art. 582 du Code Napoléon nous donne la division des fruits en naturels, industriels et civils : nous allons examiner successivement chacun de ces fruits, et indiquer les traits distinctifs auxquels il est aisé de les reconnaître :

1° Les fruits naturels sont ceux qui sont le produit spontané de la terre. (Art. 583 , C. N.) ;

2° Les fruits industriels sont ceux qui réclament le travail de l'homme pour se produire.

3° Les fruits civils sont ceux que la chose ne produit pas d'elle-même, mais que l'on gagne à son occasion ; comme les loyers des maisons, les intérêts des sommes exigibles, etc.

Cette division en fruits naturels et industriels d'une part, et fruits civils de l'autre, est très-importante, car, tandis que les premiers ne s'acquièrent que par la perception, les seconds s'acquièrent jour par jour. (Art. 586, C. N.)

§ 3. — *Comment s'acquièrent les fruits.*

Les principes qui régissent l'acquisition des fruits sont différents, suivant qu'il s'agit de fruits naturels, ou de fruits civils : examinons d'abord comment s'acquièrent les fruits naturels :

1° Les fruits naturels, ainsi que nous l'avons déjà indiqué, s'acquièrent par la perception ; ils sont perçus, dès qu'ils ne tiennent plus au sol, encore qu'ils n'aient pas été enlevés. Il suit de là, qu'en cas de mort de l'usufruitier avant la récolte, celui-ci n'a rien acquis ; que s'il meurt au contraire après la récolte, cette récolte lui appartient entièrement ; et enfin que si partie seule de la récolte a été coupée, cette partie seule est transmise à ses héritiers. L'article 585 du Code Nap. consacre ces principes ; il parle seulement du colon partiaire dont nous n'avons encore rien dit, et des droits qui sont acquis à ce dernier. Il faut entendre par colon partiaire celui qui cultive le fonds d'autrui à ses frais, sous la condition de partager avec le propriétaire les fruits qu'il retire de la chose.

2° Les fruits civils sont réputés s'acquérir jour par jour et appartiennent à l'usufruitier en proportion de la durée de son bail (Art. 586, Cod. Nap.); cela veut dire que les fruits sont acquis par la raison seule qu'ils sont nés, encore qu'ils ne soient pas exigibles. Ainsi l'usufruitier d'une maison qui aurait donné cette maison à loyer pour une somme de 600 fr. par année, acquerrait chaqne jonr 1/600 du prix total. En effet, nous avons déjà vu que l'usufruitier jouissait comme le propriétaire lui-même, le même mode d'acquisition doit par conséquent lui être commun avec le propriétaire.

L'art. 586, C. Nap. ajoute *in fine* : cette règle s'applique au prix des baux à ferme comme aux autres fruits civils. Nous dirons à ce sujet, qu'il n'en était pas ainsi dans l'ancien Droit, où les choses se passaient comme si l'usufruitier avait joui par lui-même. Mais ce système présentait tant d'embarras que notre législation actuelle l'a abandonné.

3° Il est des choses dont on ne peut faire usage, sans les consommer : le législateur a établi sur ces objets un quasi-usufruit. L'usufruitier est alors tenu d'en rendre pareille quantité, qualité et valeur, ou leur estimation, à la fin de l'usufruit (Art. 587, Cod. N.) Ce quasi-usufruit présente quelques similitudes avec le prêt de consommation ; cependant il y a entr'eux quelques différences. Ajoutons encore que l'article 589, Cod. Nap., règle le cas où l'usufruitier a dans son usufruit des choses qui se détériorent par l'usage, et que celui-ci n'est tenu que de les rendre à la fin de l'usufruit, non détériorées par son dol ou par sa fraude.

§ 3. — *Des droits de l'usufruitier sur les bois.*

Nous avons déjà vu, lorsque nous avons parlé des résultats que pouvait avoir la volonté du propriétaire sur l'étendue des droits de l'usufruitier, dans quelles circonstances les produits des bois de haute futaie étaient acquis à l'usufruitier. Nous allons examiner maintenant d'une manière plus détaillée, quelle est l'étendue de ce droit, lorsque ces bois n'ont pas été réservés par le propriétaire.

1o L'usufruitier ne peut pas exploiter à sa guise les arbres de haute futaie, il doit en jouir en bon père de famille, aux termes de l'art. 601, Cod. Nap.;

2o Il ne peut en user qu'en se conformant pour les coupes aux époques et à l'usage des anciens propriétaires (Art. 591, C. N.).

3o Quant aux bois de haute futaie réservés par le propriétaire, l'usufruitier n'a le droit d'employer, pour faire les réparations, que les arbres arrachés ou brisés par accident; il peut même faire abattre, s'il est nécessaire, mais toutefois à la charge de discuter avec le propriétaire l'opportunité de cette mesure (592 C. N.).

Des bois taillis. — Les bois de cette espèce étant destinés à être coupés périodiquement, il suit de là que l'usufruitier a le droit, dans tous les cas, de les exploiter à son profit. Mais il doit observer pour les coupes : 1o l'ordre, c'est-à-dire la division des coupes; 2o la quotité, c'est-à-dire leur nombre et leur étendue; 3o l'usage constant des propriétaires comme pour les bois de haute futaie; 4o l'aménagement, puisque la propriété des forêts exige l'accomplissement de cette obligation. Il faut entendre par aménagement, le réglement qui distribue une forêt en plusieurs cantons, assigne ceux qui sont destinés pour la coupe, et ceux qui sont mis en réserve (590 C. N.).

Des arbres fruitiers. — L'usufruitier a seulement le droit de percevoir les fruits que ces arbres produisent; il ne peut les couper, et ne profite que de ceux qui meurent ou sont arrachés par accident, à la charge toutefois de les remplacer par d'autres. Ainsi donc il y a une différence à établir entre les arbres proprement dits, et les arbres fruitiers qui meurent ou sont arrachés par accident. Les premiers restent au propriétaire; car si le législateur en eût décidé autrement, l'usufruitier aurait eu un intérêt majeur à les arracher frauduleusement ou à les faire mourir. Les seconds, au contraire, qui n'ont d'utilité que par les fruits qu'ils produisent, appartiennent à l'usufruitier (art. 594, C. N.)

§ IV. — *Des droits de l'usufruitier sur les mines et carrières,*

1o En principe, l'usufruitier peut exploiter les mines et carrières ouvertes à l'époque de la constitution d'usufruit ; ceci résulte de l'art. 598 C. N.; 2° dans un but d'utilité publique, le Gouvernement devra accorder l'autorisation pour l'exploitation de ces mines et carrières; 3° le Gouvernement est libre de concéder cette exploitation à celui qui lui présente le plus de garanties ; d'où il suit qu'un tiers sera quelquefois préféré au propriétaire lui-même.

Nous avons déjà dit que l'usufruitier pourra jouir, comme le propriétaire lui-même. De cette règle, dérive la conséquence suivante : si l'usufruitier est dépouillé de la possession de la mine, il pourra intenter l'action possessoire. En effet, si aux termes de l'art. 599 C. N., celui-ci ne peut réclamer, pour se faire rembourser la plus-value des améliorations qu'il a faites, le propriétaire ne doit en aucune façon nuire à la jouissance de l'usufruitier.

§ V. - *Des droits de l'usufruitier sur les biens soumis à l'usufruit, et des cas d'alluvion dont il profite.*

Comme l'usufruitier ne pouvait pas toujours exploiter par lui-même les choses dont il avait l'usufruit, le législateur l'a autorisé par l'article 595 C. N., à vendre ou à céder son droit à titre gratuit.

1° *De la faculté d'affermer les biens.* — On appelle bail à ferme, le louage des héritages ruraux (art. 1711 C. N.). Nous avons vu déjà que l'usufruitier pouvait bailler à ferme, mais la loi a pris soin de réglementer l'étendue de ce droit qu'elle lui accorde. Il semble d'abord, à la lecture du texte, que cette opposition présente quelque chose de choquant, mise en regard du principe qui prononce l'extinction des droits de l'usufruitier à la mort de celui-ci. En effet, nul ne peut concéder à un tiers plus de droits qu'il n'en a lui-même. Or, comment le bail passé par l'usufruitier au profit d'un autre, sera-t-il respecté, lorsque sa mort entraîne l'extinction de son usufruit? Au point de vue de la logique des principes, cet état de choses aurait dû être maintenu ; mais notre législation, par un système ingénieusement élaboré, a sacrifié les vieilles coutumes à l'intérêt général. Elle a décidé, en conséquence, que le bail serait divisé en périodes de neuf années renouvelables dans les trois ou deux dernières années qui précèdent l'extinction du bail; et de cette manière elle a ménagé en même temps les droits du propriétaire et les intérêts des fermiers ;

2o *De la faculté accordée à l'usufruitier de céder son droit.* — Les jurisconsultes Romains n'avaient pas admis ce principe consacré par notre Code ; ils disaient, en effet, que l'usufruit étant essentiellement attaché à la personne, et s'éteignant avec elle, était intransmissible ; que permettre la transmission de l'usufruit, c'était le rendre perpétuel, et aller ainsi contre toutes les règles. Mais le législateur Français, plus clairvoyant en cette circonstance que la loi Romaine, a décidé autrement : car les inconvénients signalés n'avaient pas de raison d'être. En effet, le droit de l'usufruitier n'en reste pas moins essentiellement temporaire, s'il le cède, il le transmet tel qu'il l'a ; il n'y a pas donc lieu de craindre la perpétuité de l'usufruit, par suite de concessions renouvelées à temps.

3o *Des alluvions* — L'art. 596 Cod. Nap. déclare que l'usufruitier jouit de l'augmentation survenue par alluvion à l'objet dont il a l'usufruit. Ainsi tout ce que l'alluvion aura ajouté au fond donné en usufruit, rentrera dans la jouissance de l'usufruitier. Le signe auquel on reconnaitra l'alluvion sera un accroissement insensible, qui ne permettra pas de préciser l'augmentation survenue au fond.

CHAPITRE III.

Des obligations de l'usufruitier.

Les obligations de l'usufruitier sont de deux sortes : les unes, concernent ce qu'il doit faire avant d'entrer en jouissance, les autres sont spéciales aux devoirs que la loi lui a imposés pendant sa jouissance.

Section Ire.

Des obligations de l'usufruitier avant d'entrer en jouissance.

I. — Aux termes de l'art. 600 Cod. Nap., l'usufruitier doit faire

dresser un inventaire des meubles sujets à l'usufruit, c'est-à-dire un état descriptif et numératif de ces meubles ; 2° un état des immeubles afin que l'on puisse connaître la situation dans laquelle ils se trouvent. Mais puisque la loi exige un inventaire préalable, elle a dû nécessairement vouloir un contradicteur à cet inventaire, afin d'éviter la fraude, et il était naturel que ce contradicteur fût le propriétaire lui-même.

3° Il doit donner caution de jouir en bon père de famille, à moins qu'il n'en soit dispensé par l'acte constitutif d'usufruit, art. 601 Cod. Nap. : la loi a fait cependant exception à cette règle générale, en faveur des père et mère ; car elle a trop de confiance en leur tendresse pour douter qu'ils ne conserveront pas la chose de leurs enfants. Remarquons toutefois, que si l'usufruitier retarde de donner caution, les fruits ne lui appartiennent pas moins depuis l'ouverture de son droit. Il peut arriver encore que l'usufruitier ne trouve pas de caution (ce cas est réglé par les art. 602 et 603 Cod. Nap.); qu'arrivera-t-il alors? Prononcera-t-on l'extinction de l'usufruit, ou bien la loi conservera-t-elle à l'usufruitier sa jouissance... Notre Code a concilié, par les dispositions qu'il contient à cet égard, tous les intérêts. En effet, il retire à l'usufruitier l'exercice de son droit, mais lui en conserve l'émolument ; il veut que les immeubles soient donnés à ferme, ou mis en séquestre, que les sommes constituées en usufruit soient placées, et que les prix des baux, les intérêts de ces sommes, considérés comme fruits civils, soient versés entre les mains de l'usufruitier : s'il s'agit de meubles qui dépérissent par l'usage, ils doivent être vendus, si le propriétaire l'exige. Si ces immeubles ne dépérissent pas par l'usage, nous pensons que les principes posés plus haut devront également régir ce cas, puisque l'intention du législateur n'a pu être de laisser le propriétaire sans garantie.

Section II.

Des obligations de l'usufruitier pendant sa jouissance.

L'usufruitier est tenu, pendant sa jouissance : 1° de veiller à la garde de la chose; cette obligation est une conséquence nécessaire de ce qu'il doit jouir en bon père de famille; il résulte de là que si un tiers commettait une usurpation sur le fonds, l'usufruitier devrait en avertir le propriétaire, sous peine de dommages; 2° des charges de jouissance, c'est-à-dire des réparations d'entretien (art. 605 C. N.); les grosses réparations, telles que le rétablissement des voûtes, toitures, réparations de murs de clôture et de souténement, demeurent à la charge du propriétaire. L'usufruitier n'est pas encore obligé aux réparations occasionnées par vétusté, ou par cas fortuit, c'est ce que déclare l'art. 607, qui tempère par cette disposition le principe général formulé dans l'art. 605; 3° l'usufruitier devra supporter les frais de procès, qui ne concernent que l'usufruit; mais si un tiers revendiquait le fonds donné en usufruit, les frais de procès se régleraient entre le propriétaire et l'usufruitier, selon le vœu de l'art. 609; c'est-à-dire que le propriétaire paierait le capital et l'usufruitier les intérêts. Nous supposons évidemment, dans cette circonstance, que l'usufruit est à titre gratuit, car s'il était établi à titre onéreux, tous les frais resteraient à la charge du propriétaire, garant des évictions souffertes par l'usufruitier; 4° le légataire universel d'un usufruit, jouissant de tous les fruits, doit acquitter dans son intégrité le legs fait par le testateur, d'une rente viagère ou pension alimentaire. Le légataire à titre universel, au contraire, n'est tenu de contribuer au paiement que dans la proportion de sa jouisance (art. 610 C. N.). Ces deux usufruitiers universels et à titre universel, sont obligés, par l'article 612, de contribuer avec le propriétaire au paiement des dettes; pour arriver à ce résultat on estime la valeur du fonds et on fixe ensuite la contribution de chacun aux dettes, à raison de cette valeur; 5° les obligations de l'usufruitier sur les troupeaux varient suivant que cet usufruit est constitué sur un animal ou sur un troupeau, proprement dit. Dans le premier cas, si l'animal vient à périr sans la faute de l'usufruitier, celui-ci n'est pas tenu d'en rendre un autre (art. 615 C. N.). Pour le second cas, il faut faire une distinction : ou le troupeau périt entièrement, sans la faute de l'usufruitier, et alors celui-ci se libère en rendant compte des cuirs ou de leur valeur; ou le troupeau n'a pas péri entièrement, et alors l'usufruitier doit remplacer jusqu'à concurrence du croît les têtes d'animaux qui ont péri (art. 616 C. N.). Il était juste, en effet, que les productions du troupeau servissent à réparer les pertes que ce troupeau peut faire.

CHAPITRE IV.

De l'extinction de l'usufruit.

L'usufruit s'éteint de plusieurs modes différents : 1o par la mort naturelle. Le législateur a voulu que ce droit d'usufruit fût temporaire, afin de ne pas rendre illusoire la nue propriété entre les mains du propriétaire. Il résulte de ce principe que toutes conventions passées entre les parties, pour donner à l'usufruit une plus longue durée que la vie de l'usufruitier, seraient radicalement nulles. Cette règle générale, qui donne à l'usufruit une durée légale à celle de la vie de l'usufruitier, souffre exception, lorsqu'il s'applique à une personne morale. Dans ce cas le droit d'usufruit ne dure que trente ans. S'il en eût été autrement, il est aisé de comprendre que l'usufruit n'aurait pu être borné dans sa durée, et qu'ainsi la loi aurait été méconnue (art. 619 C. N.);

2o L'usufruit s'éteint encore par l'expiration du temps pour lequel il avait été accordé (art. 617, C. N.); toutefois, le terme stipulé ne fait pas obstacle à l'extinction de l'usufruit par la mort de l'usufruitier. Néanmoins l'article 620 C. N. dit que l'usufruit accordé jusqu'à ce qu'un tiers ait acquis un âge fixé, dure jusqu'à cette époque, encore que ce tiers soit mort avant l'âge fixé. Et cela s'explique en disant que dans le cas posé on n'a pas pris en considération la vie d'une personne, mais un nombre d'années;

3o Par la consolidation, c'est-à-dire par la réunion sur la même tête des deux qualités, d'usufruitier et de propriétaire;

4o Par le non usage pendant trente ans ; ce principe résulte en effet de l'art. 2262, C. Nap.. il est basé sur la longue inaction de l'usufruitier, qui fait supposer l'abandon de son droit ;

5° Par la perte totale de la chose ; l'usufruit s'éteint alors faute d'objet ; mais si la chose ne périt pas tout entière, le droit subsiste sur ce qui reste. Ces principes s'appliquent aux troupeaux péris en totalité, ou en partie, aux bâtiments, mais avec une distinction, suivant qu'ils sont l'objet principal et direct de l'usufruit. Le Droit Romain allait même jusqu'à décider que lorsque les changements étaient tels, qu'il était impossible de faire servir la chose constituée en usufruit à son usage propre, l'usufruit était éteint ;

6° Par la rénonciation de l'usufruitier (Art. 621, C. Nap.) ; mais il faut pour la validité de cette renonciation, qu'elle ne soit pas faite en fraude des droits des créanciers ;

7° L'usufruit s'éteint encore par l'abus de jouissance (Art. 618, Code Nap.). Cette disposition de la loi est une conséquence nécessaire de ce principe, qui oblige l'usufruitier à jouir en bon père de famille ; il résulte de là, que toute dégradation considérable, ou qu'une négligence trop grande, entraîneraient l'extinction du droit d'usufruit ; mais comme il s'agit d'apprécier les griefs qui peuvent motiver l'action du propriétaire, les tribunaux devront été saisis de la demande. Toutefois, le législateur, en veillant ainsi aux intérêts du propriétaire, a sauvegardé aussi les intérêts des créanciers ; il a décidé qu'il leur serait permis d'intervenir au procès, et de demander que l'usufruitier soit maintenu, à la charge par eux de donner des garanties pour l'avenir, ou de réparer les dégradations commises.

QUESTIONS.

I. L'usufruit peut-il être constitué par adjudication? — Non.

II. La vente des fruits sur pied faite par un usufruitier qui meurt avant la récolte, est-elle valable? — Non.

III. Le propriétaire a-t-il le droit de garder sans rien payer, la construction faite par l'usufruitier sur le fonds donné en usufruit ? Oui

IV. Dans le cas où un usufruit est éteint pour abus de jouissance, les hypothèques consenties par l'usufruitier survivent-elles au droit qu'il a perdu ? — Non.

Procédure Civile.

Des reprises d'instance et constitution de nouvel avoué.

La reprise d'instance est l'acte par lequel on déclare donner suite à une instance interrompue par la mort de l'une des parties ou par la cessation des fonctions de l'un des avoués qui occupaient dans cette instance.

Cette matière peut être divisée en trois parties : dans la première nous traiterons des cas où il y a lieu à reprise d'instance ; dans la seconde, des personnes par lesquelles et contre lesquelles l'instance doit être reprise, et dans la troisième des formes à suivre.

1o *Cas où il y a lieu à reprise d'instance.*

Aux termes de l'art. 342 du C. de Pr. Civ. *le jugement* de l'affaire en état ne sera différé ni par le changement d'*état* des parties, ni par la cessation des fonctions dans lesquelles elles procédaient, ni par la mort, ni par les décès, démissions, interdictions ou destitutions de leurs *avoués.* Il faut donc examiner d'abord si l'affaire est ou n'est pas en état d'être jugée par le tribunal.

L'affaire est en état, lorsque la plaidoirie est commencée ; la plaidoirie est réputée commencée quand les conclusions ont été prises contradictoirement à l'audience (il faut cependant que ces conclusions portent sur le fond) ; et dans les affaires qui s'instruisent par écrit quand l'instruction est complète ou que les délais pour les productions et réponses sont expirés , art. 343 C. de Pr. Civ. Ce qui constitue la mise en état d'une affaire pendante devant la Cour de Cassation, c'est la production et le dépôt au greffe des mémoires que la loi permet aux parties de produire. Toutefois cette production au greffe n'est que facultative, et il n'y a pas devant la Cour suprême de défaut faute de plaider.

Mais qu'a voulu dire la loi par ces mots de l'art. 342 *changement d'état* des parties, et cessation des fonctions dans lesquelles *elles procédaient ?* Par changement d'état, le législateur a voulu parler des diverses modifications qui peuvent survenir dans l'état civil des personnes ; relativement à la capacité que la loi leur donne ou leur refuse de gérer par elles-mêmes leurs affaires, et par conséquent d'ester en justice, soit à raison de leur âge, soit à raison de leurs facultés ; soit enfin en raison de cet état de dépendance dans lequel elles tombent nécessairement par suite du mariage. Ainsi le mineur qui devient majeur, le majeur qu'on interdit, éprouvent dans leur capacité ce changement dont la loi a voulu nous parler dans l'art. 342. Le mineur a le droit par le fait de sa majorité survenue d'exercer par lui-même ses droits et actions, et le majeur interdit perd au contraire cette faculté qu'il avait avant l'époque de son interdiction d'administrer par lui-même. De telle sorte que le mot changement dans le sens de l'art. 342, implique après lui l'idée d'une capacité ou d'une incapacité qui n'existaient pas auparavant.

Qu'entend-on par cessation de fonctions? — On entend par ces expressions la perte d'une qualité qui donnait à un individu le droit d'ester en justice, de gérer, etc. Ainsi le tuteur perd le droit de soutenir un procès, au nom du mineur, depuis la majorité de celui-ci. Il en est de même du tuteur d'un interdit, si l'interdiction est levée, du mandataire auquel on a retiré le mandat.

Nous avons vu dans l'article 342 qu'il n'y avait pas lieu à reprise d'instance, lorsque l'affaire était en état, et dans l'article 343, que la plaidoirie commencée établissait l'état de l'affaire. Mais que décider si un avoué, après avoir pris des conclusions dans une cause, refuse de la plaider? Nous pensons que le tribunal devra la juger, car l'affaire est en état, puisque les conclusions ont été prises; par suite nous dirons encore que le jugement à intervenir sera réputé contradictoire. On peut donc poser en principe que lorsqu'une affaire est en état, il n'y a pas lieu à reprise d'instance, même lorsque la question principale du procès n'a plus d'objet, par suite de la mort de l'une des parties, si toutefois, les dépens de la cause doivent constituer un intérêt qui ne soit pas sans importance.

Mais ce principe, qui déclare d'une manière formelle qu'une instance ne doit pas être reprise, si l'affaire est en état, souffre trois exceptions :

1o Lorsqu'il y a partage d'opinion entre les juges. En effet l'art. 115 du Code de Procédure civile porte : en cas de partage on appellera pour le vider un juge et l'affaire sera de nouveau plaidée. Or, en rapprochant ce texte de l'art. 353 Pr. civ., l'affaire n'est en état que si la plaidoirie est commencée ; il y aura donc lieu à reprise d'instance.

2o Lorsque le personnel du Tribunal ayant été modifié, il y a lieu de prendre de nouvelles conclusions devant d'autres juges.

3° Lorsque le juge commis pour procéder à l'instruction par écrit vient à mourir. Argument tiré de l'article 110 du Code Pro. Civ. qui veut qu'un nouveau rapporteur soit nommé, si le premier ne peut faire le rapport, et de l'article 343, qui ne déclare l'affaire en état, que lorsque l'instruction est complète. Hors ces trois cas que nous venons d'indiquer, la règle générale doit reprendre tout son empire.

Cas où l'affaire n'est pas en état.

L'art. 344 Code Procédure civile est ainsi conçu : « Dans les causes qui ne seront pas en état *toutes procédures faites postérieurement* à la notification de la mort de l'une des parties seront *nulles*. » D'où il résulte que si le décès de l'une des parties n'était pas notifié, les procédures faites par l'adversaire, même depuis le décès, mais antérieurement à la notification seraient valables. Observons cependant que dans le cas où la nullité pourrait être demandée, elle pourrait être opposée seulement par les créanciers, héritiers ou ayant-cause, de la partie décédée et au nom de laquelle on aurait agi ; car l'intérêt est la mesure des actions.

Ici se présente une question qui divise les auteurs. Il s'agit de savoir quelle est la voie à suivre pour faire prononcer la nullité résultant de la violation de l'article 344 Code de Procédure civile.

Bioche distingue : 1° entre le cas de la demande en nullité d'une simple procédure ; 2° entre celui de la demande en nullité d'un jugement : dans le premier cas, dit-il, on doit demander la nullité devant le tribunal où elle a été faite ; dans le second, on pourrait attaquer le jugement par voie d'appel, de requête civile, et de cassation, suivant que ce jugement est en premier ou dernier ressort ; il indique même que l'action de désaveu serait ouverte en cas de prévarication de l'avoué de la partie décédée.

La cour de Grenoble voulait, au contraire, que la nullité fût déclarée à l'audience, sur un simple acte d'avoué à avoué, sans qu'on ait besoin de recourir à d'autre voie. Cette opinion est également partagée par Rodier. Nous n'insisterons pas davantage sur cette question, qui n'est pas susceptible de se présenter souvent dans la pratique.

Ainsi, en principe, toutes procédures postérieures à la notification du décès de l'une des parties, sont nulles ; il n'y a qu'une exception relatée dans l'article 360 du Code Nap., qui s'exprime en ces termes : Si l'*adoptant venait à mourir* après que l'acte constatant la volonté de former le contrat d'adoption, a été remis entre les mains du juge de paix et porté devant les tribunaux, et avant que ceux-ci eussent *prononcé, l'instruction sera continuée.*

Mais, sauf le décès de l'une des parties, la procédure sera valablement continuée, dans tous les autres cas, et sans qu'on ait besoin de faire aucune notification. Ainsi l'art. 345 C. Proc. Civ. porte : Ni le changement d'état des parties, ni *la cessation* des fonctions dans lesquelles

elles procédaient, n'empêcheraient la *continuation des procédures*, et sans qu'on ait à distinguer si l'affaire est ou non en état; car l'art. 345 ne fait pas cette distinction que la cour d'Aix avait proposée.

Il faut donc conclure qu'il n'y aurait pas lieu à discontinuation d'une procédure; dans les cas de mariage, ou de fin de tutèle, le mari pourrait seulement intervenir, et le majeur prendre la suite du procès, s'ils le jugeaient convenable. Mais lors même qu'ils n'useraient pas de cette facuté que la loi leur accorde, la procédure continuée contre la fille, ou le tuteur qui n'est plus en fonctions, n'en serait pas moins valable.

Ce que nous avons dit pour le changement d'état des parties, nous le dirions également pour le changement des qualités. Ainsi dans le cas où un immeuble aurait été vendu pendant le cours de l'instance relative à la propriété de cet immeuble, nous pensons que la procédure serait valablement continuée contre le vendeur, quoiqu'il ait cessé d'être propriétaire, et sans qu'il soit nécessaire d'assigner l'acquéreur en reprise d'instance.

Examinons maintenant la seconde disposition de l'art. 345 C. Pr. Civ. « Néanmoins le défendeur qui n'aurait pas constitué avoué avant le » changement d'état ou le décès du demandeur, sera assigné de nouveau » à un délai de huitaine pour voir adjuger les conclusions, et sans qu'il » soit besoin de *conciliation préalable.* » En effet, dans ces circonstances on ne considère pas l'instance comme entièrement engagée; de sorte que le défendeur se trouve au même état qu'au jour de l'assignation primitive; d'où il suit que la procédure est arrêtée relativement à lui, et qu'il ne sera en cause que par l'assignation nouvelle donnée selon le vœu de l'art. 345. On comprend dès-lors qu'il est impossible de reprendre contre le défendeur une instance où il n'est pas encore partie.

DEUXIÈME PARTIE.

Des personnes par lesquelles et contre lesquelles l'instance peut être reprise.

Parmi les personnes qui ont le droit de reprendre une instance, il faut citer 1o l'héritier de la personne décédée. Toutefois ce droit ne lui est accordé qu'après qu'il a fait acte d'héritier, à moins qu'il ne s'agisse d'une instance relative à des actes conservatoires ou de pure administration ; auquel cas l'héritier pourrait reprendre l'instance sans remplir les formalités prescrites par l'art. 778 du Cod. Nap.

2o Le légataire universel qui se trouve saisi de plein droit par la mort du testateur (lorsqu'il n'y a pas d'héritiers auxquels la loi réserve une quotité de biens) peut également reprendre une instance. Mais dans le cas où il serait tenu de demander la délivrance prévue par l'article 1004 du Code Napoléon il n'aurait cette faculté que du jour où il serait entré en possession des choses léguées.

3o Le légataire à titre universel aura le même droit que le légataire universel, s'il a obtenu la délivrance des objets qui lui ont été légués. Mais avant cette délivrance, il ne pourra qu'intervenir dans l'instance.

Quid du légataire particulier ? Tous les auteurs ne s'accordent pas sur l'étendue des droits de ce dernier. Les uns prétendent qu'il peut reprendre une instance s'il a obtenu la délivrance de son legs ; les autres ne lui donnent, dans tous les cas, que la faculté d'intervenir. Cependant nous croyons que ce sentiment n'est pas conforme aux principes de notre Droit, d'après lequel le légataire particulier peut exercer toutes les actions relatives à l'objet qui lui est transmis. Toutefois, la partie adverse pourrait assigner en reprise les représentants directs de la partie décédée, afin de leur faire supporter éventuellement les dommages-intérêts et frais dont ils seraient tenus du chef de leur auteur.

Après avoir parlé de l'héritier de la personne décédée et du légataire universel et à titre universel, qui ont tous le droit de reprendre une instance, soit qu'il n'existe pas d'héritiers directs, soit qu'ils aient obtenu la délivrance, une question se présente ici naturellement : il s'agit de savoir s'il est de rigueur d'assigner en reprise d'instance tous les héritiers de la personne décédée. On dit pour l'affirmative que tous doivent être mis en cause comme continuant la personne morale du défunt, et que par suite, une assignation particulière est donnée à chacun d'eux, pour la régularité de la procédure. Mais nous préférerions l'opinion contraire, attendu que si tous les héritiers n'ont pas été mis en cause, personne ne pourra s'en plaindre. En effet la décison à intervenir n'atteindra pas ceux qui n'auront pas été assignés, et d'un autre côté les assignés en reprise ne seront jamais tenus que pour leur part et portion, sans préjudice de toutes les exceptions communes à la personne morale de la succession qu'ils auront le droit d'opposer dans leurs défenses.

Enfin nous devons poser en règle générale que parmi ceux qui ont le droit de reprendre une instance il faut placer toutes les personnes qui ont un intérêt dans le procès, et que par conséquent les décisions à intervenir peuvent atteindre.

Des personnes contre lesquelles l'instance peut être reprise.

L'assignation en reprise d'instance doit être donnée à ceux qui ont le droit de reprendre une instance et qui n'usent pas de la faculté que la loi leur accorde. Ainsi, en supposant même que le légataire universel ne fût pas connu, on poursuit l'héritier, et si la succession est vacante on procède contre le curateur ; le jugement intervenu est valablement rendu à l'égard du légataire universel

S'il arrive que le légataire soit sujet à délivrance comme dans le cas de l'article 1004 C. N., et qu'il n'ait pas obtenu cette délivrance, il faut assigner en reprise l'héritier. Cette décision est conforme à l'art. 724 du Code Nap. qui s'exprime ainsi : Les héritiers *légitimes* sont saisis de plein droit des biens, droits et actions du défunt, sous l'obligation d'*acquitter les charges de la succession.* Mais peut-être serait-il plus prudent d'assigner en reprise l'héritier conjointement avec le légataire afin d'éviter toute difficulté ultérieure.

TROISIÈME PARTIE.

Des formes à suivre pour la reprise d'instance.

Toute reprise d'instance èst volontaire ou forcée : 1o volontaire dans le cas de décès d'une personne partie au procès, lorsque son représentant déclare par acte d'avoué à avoué qu'il reprend l'instance (art. 347 Pr.

C.) 2° forcée, lorsque celui qui avait le droit de reprendre l'instance n'a pas usé de son droit et qu'il est assigné en reprise par son adversaire aux délais fixés au titre des ajournements, avec indication dans l'assignation des avoués qui occupaient et des rapporteurs s'il y en a. (Art. 346 Pr. C.). Cette disposition de la loi a fait naître une question : on s'est demandé si l'assignatiou devait contenir copie des pièces de la procédure. En nous référant aux termes de l'art. 346, nous voyons que la loi n'a pas exigé cette formalité, et d'ailleurs si l'on voulait demander la nullité, sur quoi se baserait-on pour la faire prononcer. Aussi pensons-nous qu'il suffirait de relater le dernier acte qui aurait été signifié dans la cause. Nous dirions également, malgré les termes de l'art. 347 Pr. Civ., que la procédure serait valablement reprise sans notification d'acte d'avoué à avoué, si les parties procédaient volontairement. Et en effet ce cas peut se présenter fréquemmeut dans la pratique, parce que la reprise d'instance n'a lieu que par le décès d'une des parties. Or cette partie ayant un avoué, celui-ci peut continuer la procédure en vertu des pouvoirs qui lui ont été donnés, et sans qu'il soit besoin d'un acte particulier de reprise après que l'assignation en reprise a été signifiée. Cette décision est conforme au système des auteurs, et à un arrêt de la Cour de Bordeaux du 23 janvier 1834.

Il est encore de principe qu'une demande en reprise doit être portée au tribunal devant lequel l'instance est pendante. Cependant il peut arriver qu'une demande soit portée devant un autre tribunal. En effet, si un jugement qui rejette un moyen d'incompétence a été rendu par le tribunal du domicile de quelques-uns des défendeurs seulement, et s'il arrive qu'un de ces défendeurs soit plus tard assigné seul en reprise devant ce même tribunal où il n'est pas domicilié, celui-ci pourra demander le renvoi devant le juge de son domicile.

Lorsque la partie assignée ne conteste pas les conclusions de l'assignation, on doit procéder sur un simple acte d'avoué à avoué, comme nous l'avons déjà vu à la discussion et au jugement du fond. Mais il peut arriver qu'une partie conteste, et c'est le cas réglé par l'article 348 Pr. Civ., qui s'exprime en ces termes : « Si la partie assignée conteste, l'incident sera jugé sommairement. » Cependant il ne faudrait pas conclure de cette dernière expression de l'art. 348 que l'incident soit une affaire sommaire. Un arrêt de la Cour d'appel de Paris, du 25 mai 1808, ne permet pas cette méprise, et fixe d'une manière précise le vrai sens de cette expression sommairement qu'on doit entendre ainsi ; c'est-à-dire qu'on prononcera sur l'incident avec célérité et sans rapport.

Mais il peut arriver encore que la partie assignée laisse passer les délais. C'est le cas dont parle l'article 349 ; il est ainsi conçu : « Si à l'*expiration du délai* la partie assignée en reprise ou en constitution ne comparaît pas, il sera rendu un jugement qui tiendra la cause pour reprise, et ordonnera qu'il sera procédé suivant les derniers errements et sans qu'il puisse y avoir d'autres délais que ceux qui *restaient à courir*. Ainsi, par exemple, si un jugement préparatoire qui ordonnait que le défendeur aurait un délai de trois mois pour produire certains titres nécessaires à la décision de la cause, avait été rendu, et que le défendeur fût mort après l'expiration de deux mois et dix jours, l'héritier, ou tout autre assigné en reprise, n'aurait que vingt jours, à compter de la signification du jugement préparatoire, pour fournir la production de ces titres.

Toutefois, il pourrait se faire que de plusieurs parties assignées en reprise ou constitution de nouvel avoué, l'une d'elles fît défaut, que décider alors?

Nous ne pensons pas que l'article 153 du C. de Pr. Civ. soit applicable en pareille circonstance. En effet, cet article ordonne que le profit du défaut sera joint, et qu'une nouvelle assignation sera donnée au défaillant. Or, dans le cas prévu, le motif du défaut ne porte que sur la reprise d'instance et non sur le fonds du procès. Ainsi le profit doit être jugé à l'échéance de l'assignation ; et d'ailleurs, ce qui prouve encore que l'art. 153 Pr. Civ. n'est pas applicable au cas déjà cité, c'est qu'il ne permet pas de s'opposer à un jugement de jonction, tandis que l'article 351 Pr. Civ. autorise cette opposition par les termes qu'il emploie : « L'*opposition* à un jugement de défaut sera portée à l'audience, même dans les affaires en rapport. »

Disons encore que tout jugement de défaut contre une partie citée en reprise d'instance doit être signifié par un huissier commis, selon le vœu de l'art. 350 Proc. Civ. Cependant, l'opposition à ce jugement ne peut être jointe au fond.

QUESTIONS :

I. --- Des héritiers qui n'ont pas repris en leur nom personnel l'instance existante entre leur auteur décédé et une partie, sont-ils recevables à en demander la péremption ?

II. --- Est-il nécessaire de reprendre une instance contre un héritier bénéficiaire qui dans le cours de l'instance se porte héritier pur et simple ?

Droit Criminel.

Des questions préjudicielles.

Dans certains cas les tribunaux répressifs doivent attendre la décision des tribunaux civils sur des questions dont la solution appartient à ces derniers, et peut mettre à néant l'action publique. Ces questions se nomment préjudicielles.

On a défini les questions préjudicielles des exceptions qui suspendent la poursuite d'un jugement, d'un crime, d'un délit, ou d'une contravention, jusqu'à la vérification préalable d'un fait antérieur, dont l'appréciation est une condition indispensable de cette poursuite ou de ce jugement.

Mais avant de traiter cette matière qui nous occupe, il est nécessaire d'établir la différence qui existe entre les questions préalables et les questions préjudicielles :

1º Les questions préalables sont celles qui s'attaquent directement à l'action publique et méconnaissent sa raison d'être. Ainsi, par exemple, celui qui oppose l'autorité de la chose jugée, une prescription, soutient par là que la poursuite doit être immédiatement délaissée. Il y a donc lieu, en pareil cas, de statuer sur ces exceptions avant de juger le crime, le délit ou la contravention ; car, en effet, les questions préalables doivent être considérées comme des exceptions péremptoires, des fins de non-recevoir, dont l'entière compétence appartient aux tribunaux répressifs ;

2° Les questions préjudicielles, au contraire, ne s'attaquent pas à l'action publique, elles reconnaissent sa raison d'être. Celui qui les fait valoir n'entend pas contester la légitimité de l'intervention des tribunaux répressifs ; il veut seulement que ces tribunaux suspendent leurs poursuites ou leurs jugements. Ainsi le prévenu soutient que le vol n'existe pas, parce qu'il se prétend propriétaire de l'objet volé : en pareille circonstance la qualité de propriétaire est un fait antérieur à l'infraction et parfaitement distinct d'elle. C'est donc cette qualité de propriétaire, dont la connaissance appartient aux tribunaux civils, qui suspendra l'action des tribunaux criminels. Ici l'exception ne réclame qu'un simple sursis, et à la différence des questions préalables qui peuvent faire tomber l'action publique, les questions préjudicielles auront toujours besoin d'un jugement sur le fond.

Il faut observer que l'action préjudicielle n'existera, que si le fait est antérieur à l'infraction et distinct d'elle. Ainsi le délit de suppression de titres ne donnerait pas lieu à une action préjudicielle : sans doute il faudra prouver l'existence du titre supprimé, mais comme le délit a fait disparaître ce titre, la preuve de l'existence du titre est indivisible d'avec la preuve du délit même.

Il y a deux sortes de questions préjucielles que nous devons examiner : 1° celles qui sont préjudicielles à l'action publique et portent une grave atteinte à son indépendance ; 2° celles qui sont préjudicielles au jugement, en ce sens que l'action publique est valablement intentée, mais qu'elle doit attendre, pour suivre son cours, la décision des tribunaux civils. Ces secondes actions préjudicielles sont moins graves que les premières ; mais elles affectent encore assez sérieusement la liberté des tribunaux répressifs..

I. *Actions préjudicielles à l'action publique.*

En principe l'action publique est entièrement indépendante de l'action civile; pour que cette indépendance cesse, il faut donc un texte formel de la loi qui vienne entraver cette liberté d'action. Nous trouvons deux exceptions à cette règle générale, dans les cas où il s'agit 1° de suppression d'état en matière de filiation; 2° de banqueroute.

§ 1. — *Suppression d'état en matière de filiation.*

Avant de traiter cette matière, il nous semble utile d'indiquer auparavant ce qu'on entend par réclamation d'état. On appelle réclamation d'état la poursuite d'une personne, qui intente une action pour se faire attribuer l'état d'enfant légitime d'une autre personne. Les actions en réclamation d'état se présentent sous une double physionomie : 1° elles constituent d'abord une action civile, puisqu'il s'agit de discuter l'état des personnes (matière essentiellement civile); 2° elles constituent quelquefois encore une action criminelle. Il peut se faire sans doute que l'action en réclamation d'état soit intentée sans qu'il y ait crime, mais plus souvent elle suppose et dénonce une suppression d'état qui tombe sous le coup des tribunaux répressifs.

L'art. 327 C. N. établit d'une manière formelle l'action préjudicielle, lorsqu'il s'exprime ainsi: L'action criminelle contre un délit de suppression d'état ne pourra commencer qu'après le jugement définitif sur la question d'état.

On voit par là, d'une manière certaine que l'action publique est paralysée et qu'elle doit attendre la décision des tribunaux civils. Il n'est pas inutile d'ajouter encore que cette décision, formulée dans l'art. 327 C. N., s'applique aussi bien à la suppression d'état de l'enfant naturel ou adoptif, qu'à celle d'enfant légitime. En effet, l'art. 345 Cod. Inst. Crim., qui punit le crime de suppression d'état, ne distingue pas entre les diverses filiations. Cependant nous devons remarquer que l'art. 327 doit être restreint dans ses termes mêmes; car s'il arrivait que le crime pût être dégagé de la question de filiation, le principe de l'indépendance de l'action publique reprendrait tout son empire. Ainsi les crimes d'enlèvement ou de recel d'enfant dégagés de cette question de filiation, peuvent être poursuivis immédiatement par les tribunaux criminels.

L'art. 345 C. Inst. Crim. dont nous avons déjà parlé règle deux autres cas, celui de substitution d'un enfant à un autre et celui de supposition : dans le premier cas, il y a une liaison trop intime, entre le crime de substitution et la question d'état, pour qu'il soit possible de les séparer ; le jugement de l'action publique ne sera donc pas retardé. Pour le second cas il faut distinguer : si la supposition d'enfant a fait réellement entrer cet enfant dans la famille, l'état de cet enfant est évidemment en question, car on n'a pu lui attribuer un état qui n'est pas le sien, sans supprimer son état véritable. Il y aura donc lieu à l'action préjudicielle. Mais si la supposition est purement fictive, nous pensons que l'action publique ne sera pas suspendue.

La question de filiation cessera encore d'être préjudicielle à l'action publique, si elle ne se présente que comme circonstance aggravante du crime, et d'une manière incidente. La raison en est, qu'on n'est plus dans les termes de l'art. 326 du C. N. qui s'exprime ainsi : « Les tribunaux civils sont seuls compétents pour statuer sur les réclamations d'état. » Or, puisqu'il ne s'agit plus ici de réclamation d'état, on doit rentrer sous l'application de la règle générale. Nous verrons une application du principe que nous venons de poser, lorsque dans une accusation de parricide, la qualité d'enfant est méconnue.

§ II. — *Banqueroute.*

La seconde exception qui vient entraver la marche de l'action publique, se trouve dans la banqueroute. Il faut en effet, en pareille circonstance, que les tribunaux de commerce prononcent l'état de faillite, avant qu'il soit permis au ministère public de poursuivre la banqueroute. Nous croyons qu'il est utile d'insister sur ce point, qui a donné lieu à deux systèmes opposés.

Dans un premier système on soutient que les tribunaux répressifs pourront connaître et déclarer l'état de faillite. On se base sur les motifs suivants pour faire prévaloir cette opinion : il faut bien, dit-on, que les tribunaux répressifs jugent le crime de banqueroute ; or, ils ne peuvent juger qu'en reconnaissant l'état de faillite, qui est un des éléments de la banqueroute ; la connaissance de la faillite appartiendra donc au jury.

Cette théorie, dit-on dans le second système, est opposée à l'esprit et au texte de la loi, par les raisons suivantes : Si l'on consulte en effet le rapport de la loi du 28 mai 1838, on y lit : l'appréciation de la faillite est réservée « au tribunal de commerce, qui, éclairé par les connaissances et l'habitude des affaires commerciales, peut prononcer avec connaissance sur cet ensemble de circonstances ». Or, comment le but du législateur serait-il atteint, si la compétence du tribunal de commerce n'était pas exclusive de toute autre? On pourrait dire encore avec juste raison en faveur de ce système, que la moindre intervention du ministère public dans les affaires des commerçants, entraînerait leur ruine, et voilà peut-être un des motifs pour lesquels l'art. 441 du Code de Commerce a formulé ce principe : l'ouverture de la faillite est déclarée par le tribunal de commerce. Nous devons décider en conséquence, que le crime de banqueroute donnera lieu à une question préjudicielle ; et nous n'accorderons au ministère public que le simple droit d'intervenir, pour surveiller les opérations de la faillite.

Le premier effet des questions préjudicielles à l'action publique, sera d'obliger les tribunaux criminels à se dessaisir ; par suite nous pensons, que la compétence des tribunaux criminels n'ayant aucune raison de s'exercer pour le moment, l'accusé devra être mis en liberté, s'il est en prison.

2° *Questions préjudicielles au jugement de l'action publique.*

Les questions préjudicielles au jugement de l'action publique se présentent lorsque le prévenu, sans méconnaître le fait, soutient seulement qu'il a agi en vertu d'un droit. On comprend, en pareil cas, qu'il faut examiner d'abord si ce droit existe, car l'action publique n'aura de raison d'être que si ce droit n'est pas reconnu par les tribunaux civils. En effet, s'il était reconnu, le fait perdrait le caractère qui a donné lieu à la poursuite criminelle, et par conséquent l'action publique n'existerait plus.

Le principe général d'après lequel on peut apprécier si une question est préjudicielle au jugement de l'action publique, est resté quelque temps sans être nettement posé. Mais une occasion favorable de la bien poser se présenta, dans la discussion du Code Forestier; et la rédaction de l'art. 182 de ce Code fit heureusement cesser toutes les incertitudes. La Cour de Cassation elle-même a toujours appliqué les dispositions de cet art. 182 C. F. à toutes les matières dans lesquelles une question préjudicielle venait à être soulevée.

Nous allons examiner successivement : 1° les questions préjudicielles, de propriété et de droits réels immobiliers ; — 2° les questions préjudicielles se référant à l'existence et à l'interprétation des contrats ; 3° les questions préjudicielles relatives à l'état des personnes.

1° *Questions préjudicielles de propriété et de droits réels relatifs à des immeubles.*

Toutes les questions de cette nature qui se présentent devant les tribunaux répressifs sont préjudicielles au jugement de l'action publique. Parmi les droits réels on doit comprendre la possession, lorsqu'elle est invoquée comme présomption de la propriété ; les tribunaux répressifs sont essentiellement incompétents pour statuer sur les faits de possession allégués ; ils doivent par conséquent surseoir, en attendant que les tribunaux civils aient caractérisé la possession invoquée. Cependant, pour qu'il y ait lieu au renvoi à fins civiles, quatre conditions sont exigées. Il faut : 1° que le prévenu oppose l'exception et demande le sursis; 2° l'exception proposée doit enlever au fait incriminé son caractère d'infraction ; 3° le droit réel invoqué doit être propre au prévenu ; 4° il faut que l'exception soit accompagnée d'un commencement de preuve.

Le tribunal répressif a donc à statuer sur l'incident élevé ; mais c'est seulement au point de vue de l'admissibilité de l'exception qu'il peut apprécier les titres. S'il trouve l'exception bien fondée, il renvoie devant les tribunaux civils. Dans le cas contraire, il passe outre au jugement sur le fond. Toutefois, comme l'exercice de l'action publique ne peut être trop longtemps en suspens, les tribunaux répressifs fixent un délai au prévenu pour saisir les tribunaux compétents. Ce prévenu est, en outre, tenu de justifier de ses diligences, car la loi exige que l'action du prévenu soit sérieuse.

2° *Questions préjudicielles d'existence, ou d'appréciation des contrats.*

Ces questions ne sont pas préjudicielles au jugement de l'action publique. En effet, l'art. 408 C. Pén., en renvoyant devant les tribunaux répressifs les délits de violation de dépôt, de mandat, etc., leur a nécessairement donné compétence pour statuer sur la preuve de ces conventions ; parce que la preuve du délit ne peut être séparée de celle de la convention. S'il n'en était pas ainsi, il est facile de voir que l'action publique serait continuellement suspendue. D'ailleurs, dans le cas où l'action publique et l'action civile sont exercées en même-temps, il faut bien que ces tribunaux aient compétence pour juger le contrat auquel se rattachent des intérêts civils, sur lesquels ils doivent prononcer.

En conséquence si le jugement de l'infraction dépend de l'interprétation et de l'appréciation d'un acte, ou d'un contrat, le tribunal répressif est compétent pour juger, si, d'après l'acte produit, l'infraction existe, ou n'existe pas. Il peut juger par exemple que le délit existe, malgré l'existence d'une cession, parce que cette cession est nulle.

3° *Des questions préjudicielles relatives à l'état des personnes.*

Ces questions ont pour objet l'état d'époux et peuvent se présenter sous deux faces : 1° il peut y avoir réclamation de l'état d'époux ; 2° il peut y avoir, au contraire, contestation de l'état d'époux.

1° Il y a réclamation de l'état d'époux, si le crime ou le délit poursuivi est relatif à la suppression de l'état d'époux ; mais ce cas prévu par les art. 198, 199, 200, C. Nap., ne présentent pas des difficultés très-graves ; nous dirons aussi qu'en pareille circonstance, il n'y aura pas lieu de renvoyer devant les tribunaux civils ; en effet, l'existence du mariage dépend de sa constatation régulière, c'est-à-dire d'un acte authentique. Or, l'altération ou la suppression de cet acte est un fait matériel dont la preuve se fera par des enquêtes ; il n'y aura donc qu'un simple fait à examiner, qu'une question dont la solution peut appartenir sans difficulté aux tribunaux répressifs ;

2° Il peut y avoir contestation de l'état d'époux, si l'on attribue à une personne la qualité de conjoint, pour former une accusation contr'elle. Si cette personne repousse l'accusation, en soutenant la nullité du mariage, cette question de nullité est essentiellement préjudicielle ; car elle nécessite pour être résolue une connaissance approfondie du droit civil. Nous pensons même que cette action préjudicielle sera préjudicielle au jugement de l'action publique : cette opinion est basée sur un arrêt de la Cour de Cassation du 16 janvier 1826.

QUESTIONS.

I. Lorsque des questions de paternité et de filiation se présentent incidemment à une accusation, comme circonstance aggravante, ne sont-elles pas préjudicielles au jugement de l'action publique ?

II. Les questions préjudicielles d'interprétation d'actes administratifs donnent-elles lieu à renvoi ?

Cette Thèse sera soutenue, en séance publique, dans une des salles de la Faculté, le 9 Mai 1859.

Vu par le Président de la Thèse,
MASSOL (de Montastruc).

Toulouse, Imprimerie Troyes OUVRIERS RÉUNIS, rue St-Pantaléon, 5.

www.ingramcontent.com/pod-product-compliance
Ingram Content Group UK Ltd.
Pitfield, Milton Keynes, MK11 3LW, UK
UKHW020414220726
13923UKWH00004B/1939